RAINER WÖRTMANN

KÄSE

100 FRAGEN
UND 100
ANTWORTEN

Idee und Gestaltung:
Rainer Wörtmann

Die Abbildung S. 12:
aid infodienst
Alle anderen Abbildungen:
Diderots Enzyklopädie
1762-1777;

Herstellung und Verlag:
BoD - Books on Demand
22848 Norderstedt

ISBN 978-37448-7128-0

INHALT

1 Wie kam es zu der „Entdeckung" von Käse?
Wissenschaftler nehmen an, dass schon die Jäger in der
Steinzeit in den jungen Beutetieren gallertartige Klumpen gefunden haben, entstanden aus der von den Tieren kurz zuvor getrunkenen Muttermilch. Dieses Gemisch nennt man Labquark und galt damals ein echter
„Leckerbissen".

2 Woher hat der Käse seinen Namen?
Die alten Griechen stürzten gedickte Milch in geflochtene Körbe, die „formos" hießen. Die romanischen Sprachen haben dies beibehalten, deshalb Fromage auf Französisch oder Formaggio auf Italienisch.
Die alten Römer, die viele feine Lebensarten von den
Hellenen übernommen hatten, nannten das gewonnene
Produkt „caesus". Da wiederum die Kelten und Germanen die Käseherstellung von den Römern übernahmen
nannten sie ihn kasi, Käse.

3 Seit wann gibt es das Nahrungsmittel Käse?
Es gibt Hinweise, dass schon vor sechs- bis achttausend
Jahren Käse hergestellt wurde. Auf Höhlenzeichnungen
aus diesen Jahren wurde Milchvieh und gelochte Töpfe dargestellt, die sicher zur Käseherstellung verwendet
wurden. Ähnliches wurde auch auf den Reliefszenen von
sumerischen Gefäßen dargestellt. Mit den wissenschaftlichen und technischen Entwicklungen des 19. Jahrhunderts wurde die Massenproduktion möglich. Im Grunde
hat sich die Art der Herstellung seit der frühesten Zeit
bis heute nicht verändert.

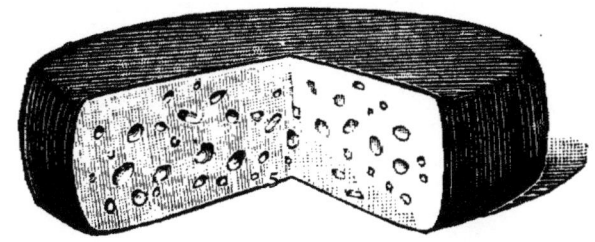

4 Wer produziert am meisten Käse?
Generell lässt sich sagen, dass es heute in vielen Ländern
große Käseproduktionen gibt. Der größte Käseproduzent
überhaupt ist, man mag es kaum glauben, die USA.

5 Kann man aus jeder Milch Käse machen?
Kuhmilch-Käse, Ziegenmilch-Käse, Schafsmilch-Käse,
Büffelmilch-Käse, warum nicht Schweinemilch-Käse?
Die Milch von Schweinen eignet sich nicht für die Kä-
seherstellung - ihre Milch enthält zu wenig Kasein, kann
also auch nicht richtig gerinnen.

6 Wie setzt sich Kuhmilch zusammen?
Im Durchschnitt setzt sich Kuhmilch wie folgt zusammen: ungefähr 87 Prozent Wasser, 4 Prozent Fett,
ca. 3,5 Prozent Eiweiße, 5 Prozent Milchzucker und
1 Prozent Mineralstoffe.

7 Was ist das Käse-Paradoxon?
Je mehr Käse, desto mehr Löcher. Je mehr Löcher, desto
weniger Käse. Also, je mehr Käse, desto weniger Käse?

8 Wird überall auf der Welt Käse gegessen?

Nicht in allen Kulturen wird Käse gegessen. Manchen Kulturen behagt die Vorstellung nicht, „alte" Milch zu essen. In Ost-Asien, Afrika und Südamerika wird kaum Käse gegessen, weil dort ein Großteil der Bevölkerung laktoseintolerant ist. In Europa und in den USA vertragen aber die meisten Menschen Milchprodukte.

9 Wo isst man den meisten Käse?

In Frankreich isst man im Durchschnitt pro Kopf im Jahr 26,7 kg, gefolgt von Finnland (25,6 kg) und Deutschland (24,2 kg)

10 Was hat ein Dreikäsehoch mit Käse zu tun?

Ein Dreikäsehoch ist ein Kind. Was aber hat das mit Käse zu tun? Dreikäsehoch ist tatsächlich wörtlich zu verstehen. Gemeint ist ein Kind, das so groß ist wie drei aufeinander gestapelte runde Käselaibe. Genutzt wird dieser Ausdruck schon seit dem 18. Jahrhundert.

11 Welche Bedeutung hat die Alm?

Die Alm ist eine während des Sommers für Milchvieh genutzte Gebirgsweide, die besonders reich an Futterstoffen ist und der Milch bestimmte Eigenschaften und besondere Qualität verleiht. Auf der Alm gibt es normalerweise eine Hütte für die Käseherstellung.

12 Welcher Käse wird wo vorwiegend hergestellt?

Der bekannteste aus den USA ist sicher der Philadelphia- Käse der Firma Kraft. Seit 1880 wird dieser Frischkäse hergestellt, in Deutschland wurde die Marke 1961 eingeführt.

Einer der beliebtesten Schnittkäse der Niederlande ist der Gouda. Er stammt aus der Region rund um die Stadt Gouda und wurde bereits im Jahre 1184 urkundlich

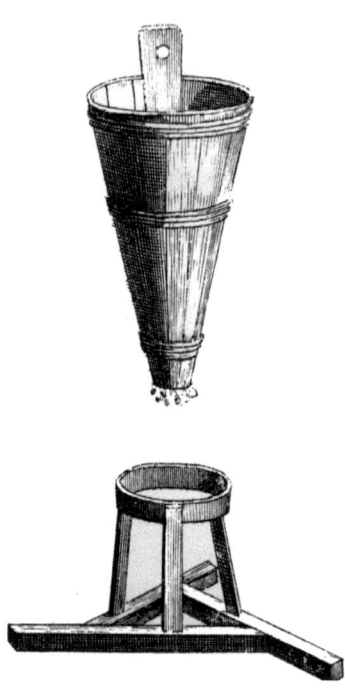

erwähnt. Er schmeckt unterschiedlich, je nach Reifegrad. So schmeckt junger Gouda besonders mild und rahmig, während alter Gouda sehr würzig schmeckt.

Parmesan ist ein Hartkäse aus Italien, der besonders in der Küche vielseitig einsetzbar ist. Je länger die Reifezeit des Parmesans, desto intensiver sein Geschmack. Nur etwa 5% werden exportiert, der Rest wird in Italien konsumiert.

Der Camembert ist sicher der bekannteste französische Weißschimmelkäse. Die meisten Käse kommen aus dem Osten und der Mitte Frankreichs. Bekannt sind die Rhône-Alpes-Region und die Auvergne, Heimat des Roquefort. Die klassischen Regionen der Milchwirtschaft sind allerdings die Normandie, wo der Camembert seinen Ursprung hat und die Bretagne, wo der Ziegen-Brie hergestellt wird.

13 Welche Gütesiegel kennt man bei Käse?

Appellation d'Origine Contrôlée (abgekürzt AOC; französisch für kontrollierte Herkunftsbezeichnung) ist ein Schutzsiegel für bestimmte landwirtschaftliche Erzeugnisse aus Frankreich und der Schweiz, wie etwa Wein, Champagner, Butter, Käse und Olivenöl.

Denominazione Tipica (Typisches Produkt) ist eine italienische Bezeichnung für einen Käse, der auf nationalem Territorium unter Berücksichtigung lokaler Bräuche hergestellt wird.

Die Bezeichnung «Denominazione di Origine» berücksichtigt darüber hinaus auch den Einfluss von Umweltbedingungen im Ursprungsgebiet auf das Endprodukt.

14 Wie macht man Butter?

Für die Herstellung von einem Kilo Butter werden durchschnittlich etwa 25 Liter Milch benötigt. Die Rohmilch wird dabei zunächst auf Reinheit und Qualität kontrolliert. Danach wird sie in einen so genannten Seperator, eine Zentrifuge, gegeben. In dieser Schleuder werden Fett und Wasser weitestgehend

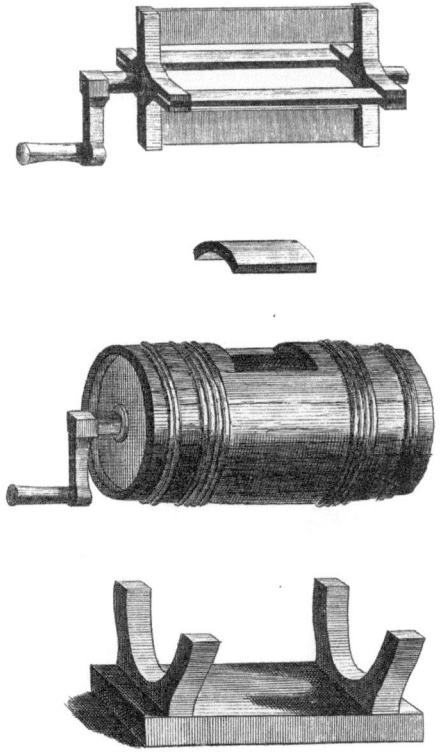

voneinander getrennt - Rahm und Magermilch entstehen. Der Rahm wird nun auf etwa 100 Grad erhitzt, um schädliche Mikroorganismen zu zerstören und bestimmte Enzyme zu deaktivieren. Früher war der Butterungsprozess reine Handarbeit. In Holzfässern wurde mit Stößern, Stampfern oder Schlägern die Butter mit Muskelkraft so lange bearbeitet, bis sie geschmeidig war.

15 Welche Bezeichnungen hat die EWG?

DOP - Denominazione di Origine Protetta (geschützte Ursprungsbezeichnung) ist laut EWG-Verordnung eine Bezeichnung für einen Käse oder ein anderes Lebensmittel, das in dem begrenzten geografischen Gebiet erzeugt, verarbeitet und hergestellt wurde.

IGP - Indicazione Geografica Protetta (geschützte geografische Angabe) unterscheidet zusätzlich noch eine bestimmte Qualität, die sich aus dem geografischen Ursprung ergibt.

16 Wie wird Käse begutachtet?

Amtliche Kontrolleure begutachten das Produkt; z. B. beim Emmentaler durch die Prüfung der Rinde und durch Abklopfen, dann wird mit dem „Käsebohrer" eine Probe herausgestanzt und klassifiziert: Markenkäse – Fein – Mittel.

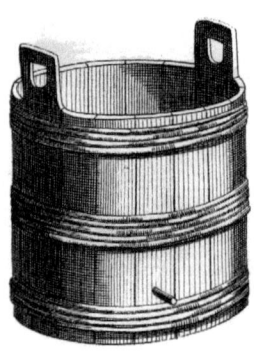

17 Was sind die wichtigsten Stationen der Käseherstellung?

Vorbereitung: Im ersten Schritt der Käseherstellung wird die Milch gefiltert bzw. abgeseiht und pasteurisiert - es sei denn, man will Rohmilchkäse herstellen. Um den gewünschten Fettgehalt des Käses zu erhalten, wird die Milch entrahmt und anschließend mit Sahne auf einen definierten Fettgehalt eingestellt.

Milchgerinnung: Das Milchgemisch wird mit Hilfe von Starterkulturen (Milchsäurebakterien) vorgereift und anschließend mit Lab zum Gerinnen gebracht. In der Käseherstellung heißt dieser Vorgang „Dicklegen".

Dicklegung: Das Dicklegen als Teil der Käseherstellung dauert zwischen 30 Minuten und mehreren Stunden - je nach Käseart. Durch die Dicklegung entsteht die so genannte „Dickete" oder „Gallerte".

Käsebruch: Hat die Dickete die richtige Festigkeit, wird sie mit einer Käseharfe in Stücke zerteilt. Im Prozess der Herstellung hat der Käse jetzt das Stadium des „Käse-

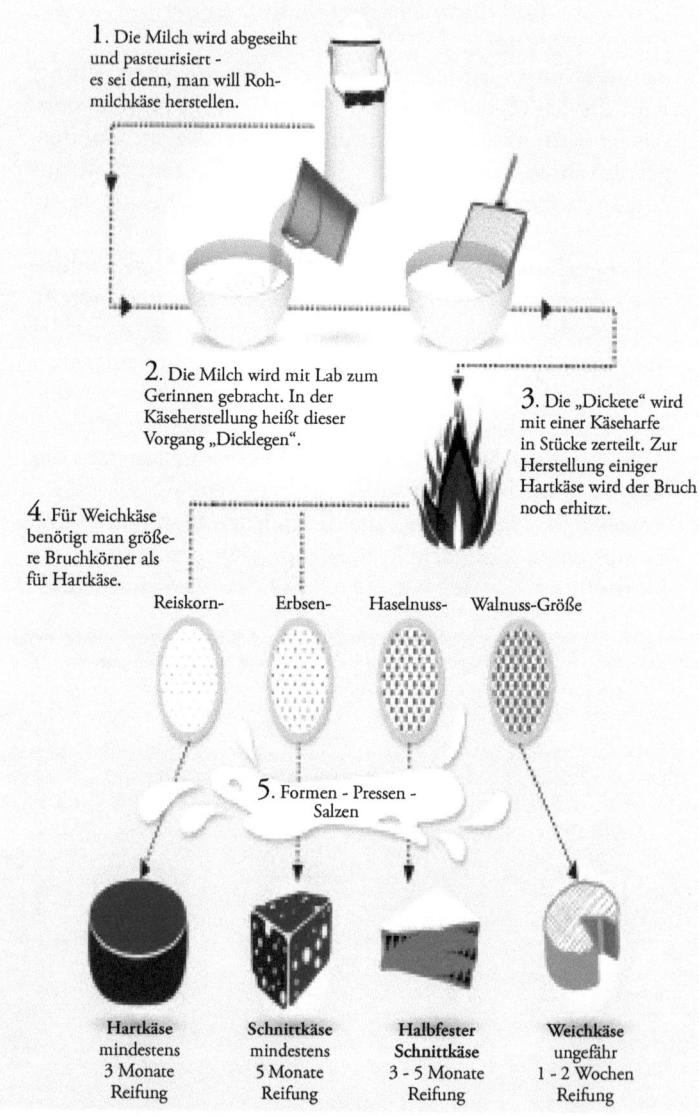

1. Die Milch wird abgeseiht und pasteurisiert - es sei denn, man will Rohmilchkäse herstellen.

2. Die Milch wird mit Lab zum Gerinnen gebracht. In der Käseherstellung heißt dieser Vorgang „Dicklegen".

3. Die „Dickete" wird mit einer Käseharfe in Stücke zerteilt. Zur Herstellung einiger Hartkäse wird der Bruch noch erhitzt.

4. Für Weichkäse benötigt man größere Bruchkörner als für Hartkäse.

Reiskorn-   Erbsen-   Haselnuss-   Walnuss-Größe

5. Formen - Pressen - Salzen

Hartkäse	**Schnittkäse**	**Halbfester Schnittkäse**	**Weichkäse**
mindestens 3 Monate Reifung	mindestens 5 Monate Reifung	3 - 5 Monate Reifung	ungefähr 1 - 2 Wochen Reifung

bruchs" erreicht. Je feiner der Käsebruch zerkleinert wird, desto mehr Molke kann sich absetzen und umso härter wird der fertige Käse. Für Weichkäse benötigt man folglich also größere Bruchkörner als für Hart- oder Schnittkäse

Formen und Molkeentzug: Jetzt ist Fingerspitzengefühl in der Käseherstellung gefragt! Der Käsemeister muss abschätzen, wann der Käsebruch die richtige Konsistenz zum Abfüllen in die sortentypischen Formen erreicht hat. Durch Abtropfen und Pressen wird die restliche Molke vom Käsebruch getrennt.

Baden in Salzlake: Alle Käsesorten außer Frischkäse werden nach dem Formen in Salzlake gebadet. Das entfernt Bakterien und fördert die Bildung der Rinde.

Reifen: Im letzten Abschnitt der Käseherstellung darf der Käse ruhen. Während der Reifung in modernen Reifekellern werden die Laibe regelmäßig vom Affineur (Käsemeister, Verfeinerer) gewendet und je nach Sorte gebürstet, gewaschen oder mit Edelschimmel behandelt. In dieser Zeit des Veredelns und Verfeinerns, die Wochen oder Monate dauern kann, bekommt der Käse seinen ganz besonderen Charakter. Das Ergebnis ist eine wunderbare Vielfalt an köstlichen Käsesorten.

18 Was sind Enzyme?

Eine komplexe organische Substanz, die bestimmte chemische Reaktionen begünstigt. In der Milch sind etwa 60 verschiedene Enzyme enthalten, wovon einige für die Weiterverarbeitung zu den verschiedenen Käsen von großer Bedeutung sind.

19 Was ist Lab?

Ein Ferment tierischen Ursprungs, das eiweißspaltende Enzyme enthält, die das Kasein gerinnen lassen. Im Allgemeinen wird Lab aus dem Labmagen säugender Wiederkäuer (Kälber, Zicklein, Lämmer) gewonnen. Weitere gerinnungsfördernde Substanzen können pflanzlichen Ursprungs sein oder werden aus Pilzen gewonnen.

20 Was ist eine Käseharfe?

Die Käseharfe ist ein Werkzeug, das bei der Käseherstellung benutzt wird. Mit ihr wird die eingedickte Milch zum sogenannten Bruch zerteilt. Die Käseharfe besteht zumeist aus einem Edelstahlrahmen, in den bis zu 24 feine, parallel verlaufende Drähte gespannt sind.

21 Was ist der Unterschied zwischen Rohmilchkäse und Käse aus pasteurisierter Milch?

Ursprünglich wurde Käse immer aus roher Milch hergestellt. Heute werden viele Käsesorten - speziell in der industriellen Produktion - aus pasteurisierter Milch hergestellt. Die Milch für Rohmilchkäse, wird ohne Wärmebehandlung zu Käse weiterverarbeitet. Dadurch sind die milcheigenen Enzyme und Bakterien aus der natürlichen Umgebung noch aktiv. Bei der Käsereifung machen sich diese bemerkbar, indem sie Aromen produzieren, welche im pasteurisierten Käse nicht vorhanden sind. Rohmilchkäse wird mit dem Alter immer kräftiger im Geschmack. Beim Käse aus pasteurisierter Milch wird die Milch vor der Käseproduktion auf ca. 75° C erhitzt und anschließend wieder heruntergekühlt. Dadurch werden die milcheigenen Enzyme und die natürlich enthaltenen Bakterien deaktiviert. Für die Käsereifung werden spezielle Aromabildner (Bakterien) eingesetzt. Käse aus

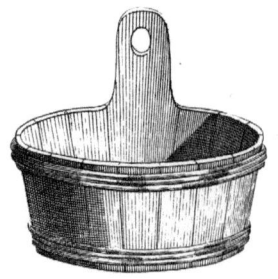

pasteurisierter Milch werden oft jünger konsumiert und haben einen milderen Geschmack als Rohmilchkäse.

22 Was ist Molke?

Ein flüssiges Nebenprodukt, das bei der Käseherstellung anfällt. Molke enthält Milchzucker, Molkeeiweiße und Mineralstoffe. Die Molke macht etwa 90 Prozent der ursprünglich verarbeiteten Milch aus. Sie wird zum Teil in Käsereien für die Herstellung von Molkefermenten, zur Beimpfung (s. S. 22) und für die Herstellung von z. B. Ricotta verwendet.

23 Was ist Laktose?

Als „Laktose" bezeichnet man den Milchzucker, der natürlicherweise nur in der Milch von Säugetieren enthalten ist. Laktose zählt zu den aus Glukose und Galaktose bestehenden Zweifachzuckern. Damit der Körper dieses Zweifachzucker verwerten kann, muss es in die beiden Bestandteile gespalten werden. Dies geschieht mit Hilfe des körpereigenen Enzyms Laktase.

24 Was bezeichnet man als Pasteurisation?

Die Wärmebehandlung der Rohmilch, bei der diese für mindestens 15 Sekunden auf nicht weniger als 71,1° C erhitzt wird. Ziel der Pasteurisation ist die Vernichtung von Krankheitserregern und die Sicherung der

gesundheitlichen Unbedenklichkeit der Milch. Dadurch wird auch ihre Haltbarkeit erhöht.

25 Was ist Quark?

Ein Frischkäse, der industriell aus pasteurisierter Milch hergestellt wird, aufgrund der Säuerung gerinnt, mit einer geringen Menge Lab versetzt und durch Kühlung konserviert wird. Er muss innerhalb von ein bis zwei Wochen verzehrt werden.

26 Was ist für die Entstehung von Schimmel beim Käse verantwortlich?

Penicillium, es ist eine Schimmelpilzart. die sich auf der Oberfläche oder im Innern des Käses bildet: Das Penicillium roqueforti ist hauptsächlich für das Entstehen des Innenschimmels verantwortlich (Roquefort, Gorgonzola), während das Penicillium camemberti den weißen Schimmelbelag auf der Rinde bildet (Camembert, Brie usw.).

27 Wie entsteht Rinde mit Schimmelansatz?

Durch die Mikroflora der Oberfläche (Mucor und Penicillium) entsteht ein grauweißer Schimmelbelag auf der Rinde, der typisch für Weichkäsesorten ist (Taleggio, Camembert usw.).

28 Was versteht man unter Rinde?

Die Oberfläche eines Käses, die sich infolge des Salzens, Trocknens und der Reifung bildet. Bei den Weichkäsesorten spielt die Mikroflora an der Oberfläche eine entscheidende Rolle bei der Bildung der Struktur und die unsere Sinne ansprechenden Eigenschaften des Käses.

29 Welche Funktion hat die Rinde noch?

Bei vielen Sorten hat sie eine Schutzfunktion und fördert den Austausch von Gas und Wasserdampf. Die Rinde ist entweder gewaschen, mit Öl bestrichen oder mit Paraffin beschichtet, damit sich kein Schimmel und keine Rötung bildet. In einigen Fällen, etwa bei gepresstem Käse, wird die Rinde durch eine Schutzschicht aus Polyvinylacetat ersetzt.

30 Wie entsteht die Schmiere bei Rotschmierkäse?
Während der Reifezeit von einigen Wochen bis drei Monaten werden Rotschmierkäse mit Salzwasser gewaschen und die Oberfläche mit Rotschmierbakterien behandelt. Dadurch wird der Oberfläche Wasser entzogen. Im Zusammenspiel mit Rotschmiere erhalten diese Käse eine bräunliche, wachsartige, halbweiche Rinde, die luftdurchlässig ist. Die Luftdurchlässigkeit ermöglicht dem Käse die richtige Reifung. Der Teig des Käses ist fein, weich und cremig. Der milde Geschmack wird mit zunehmendem Alter ausgeprägt und kräftig.

31 Was ist die Schmiere genau?
Die Schmiere beinhaltet viele Mikroorganismen, die einen wichtigen Beitrag zur Käsereifung und somit auch Aromaentwicklung leisten. Zu Beginn der Reifezeit fin-

det man hauptsächlich Hefen, die die Oberfläche des Käses entsäuern. Erst jetzt können andere Mikroorganismen richtig gut wachsen, die für den Proteinabbau und die Farbbildung verantwortlich sind.

32 Warum salzt man Käse?

Das Salz hat eine konservierende und eine wasserziehende Wirkung (die Molke tritt aus, der Käse reichert sich mit Salz an). Das Salzen kann trocken erfolgen (durch Aufstreuen oder Aufreiben des Salzes auf die Käselaibe), durch Eintauchen in ein Salzbad (Wannen mit Salzlösungen, in die man die Laibe unterschiedlich lang eintaucht) oder durch direkte Zugabe von Salz zur Milch oder zum Bruch. Salzen ist der letzte Eingriff, bevor der Käse ausreift.

33 Was versteht man unter Pressen?

Eine Herstellungsphase, die vor allem für nicht gekochte Hartkäsesorten charakteristisch ist. Dabei wird für die

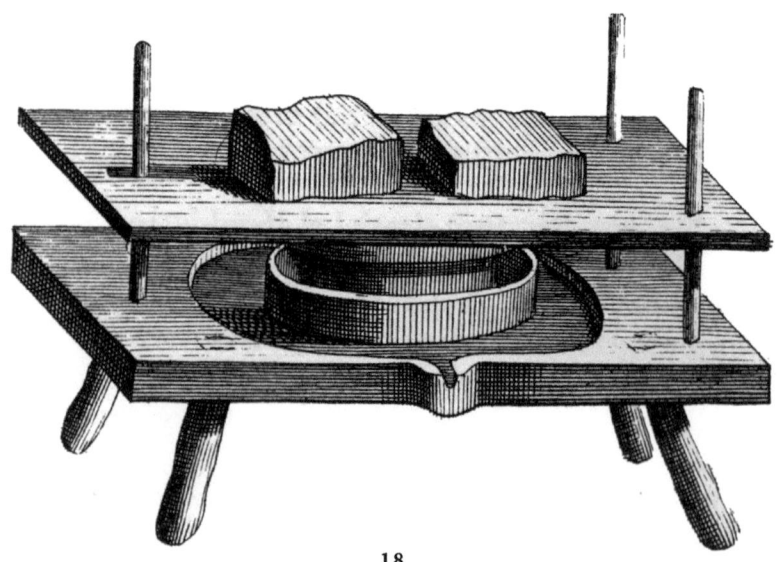

Dauer von einer bis zu 24 Stunden mechanischer Druck auf den Käse ausgeübt, damit die Molke abfließen kann, bevor sich eine zusammenhängende Rinde bildet.

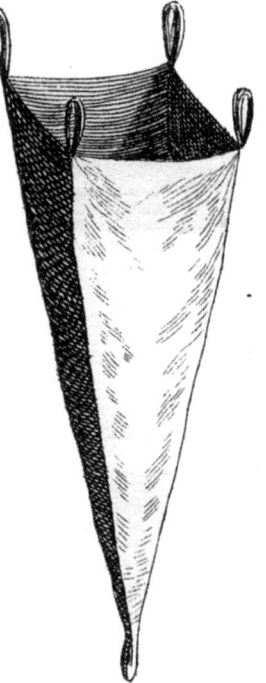

34 Wie kommen die Löcher in den Käse?

In fast jedem Hartkäse steckt Kohlenstoffdioxyd, welches durch Bakterienkulturen während der Reifung erzeugt wird. Je nach Temperatur, bei der Käse gelagert wird, sind die Löcher unterschiedlich groß. Wird Käse sehr kühl gelagert, sind die Löcher klein bzw. gar nicht vorhanden. Andererseits sind sie umso größer, je wärmer der Käse gelagert wird.

35 Was versteht man unter Ergiebigkeit?

Der Ertrag der Milch in Form von Käse während der Käseherstellung. Sie wird in Prozent ausgedrückt (produzierter Käse in Kilogramm ausgehend von 100 Kilogramm verwendeter Milch).

36 Wie viel Milch braucht man für 1 kg Käse?

Man benötigt - je nach Sorte - die bis zu 16-fache Menge an Milch. Um 1 Kilogramm Käse herzustellen, müssen also bis zu 16 Liter Milch gerinnen und reifen. Kein Wunder, dass in Käse so viel Gutes in konzentrierter Form steckt: 15 g Hartkäse enthalten beispielsweise genauso viel Kalzium wie ein ganzes Glas Milch.

37 Wie viel Milch von Kühen braucht man für einen Käselaib?

Um einen Laib Emmentaler von anderthalb Zentner zu erzeugen, benötigt man ca. 1000 Liter Milch. Diese können siebzig Kühe an einem Tag liefern.

38 Wieso werden bei der Käseherstellung Bakterien zugefügt?

Bei der Käseherstellung werden gezielt Milchsäure-bakterien eingesetzt. Diese wandeln den Milchzucker (Laktose) in Milchsäure um. Die Bakterien produzieren eine Vielfalt von Enzymen, welche die Proteine und die Milchsäure in kleine, aromawirksame Stoffe spalten. Aus dem jungen, harten, kompakten und faden Käse entsteht ein aromatisches, genussfertiges Lebensmittel.

39 Was ist Silomilch?

Silage, Gärfutter oder Silo ist konserviertes Futtermittel für Nutztiere, vor allem für Wiederkäuer, da diese durch die Fermentation der Nahrung im Pansen auch

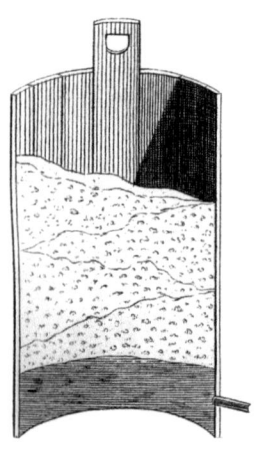
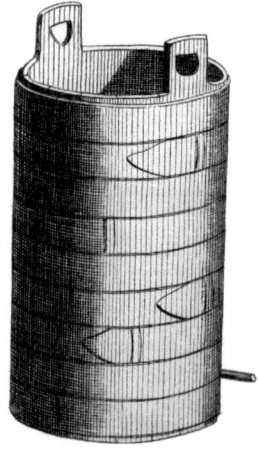

in der Lage sind, Strukturkohlenhydrate zu verdauen. Für Milch, die zu Rohmilchkäse verarbeitet wird, darf keine Silage verfüttert werden, weil sich sonst in der Milch Buttersäurebakterien bilden. Die Buttersäurebakterien führen außerdem zu schlechten Geschmacksnoten im Käse.

40 Was ist der Käsebruch?

Der Bruch ist nichts anderes als das von der Molke getrennte Kasein in gallertartiger Form - das erste Stadium im Prozess der Käseherstellung.

41 Warum wird der Bruch zerkleinert?

Zunächst muss der Bruch grob zerkleinert werden, doch erst durch mehrmaliges Wiederholen des gleichen Vorgangs kann die gewünschte Feinkörnigkeit erzielt werden: für Frisch- und Weichkäse etwa so groß wie Walnüsse oder Haselnüsse, für Käse aus rohem Teig und gepressten Käse entsprechend einem Maiskorn, für gekochten Hartkäse wie ein Reiskorn.

42 Wie wird der Bruch zerkleinert?

Dazu werden spezielle Geräte eingesetzt, die Rührgerät oder Käseharfe heißen.

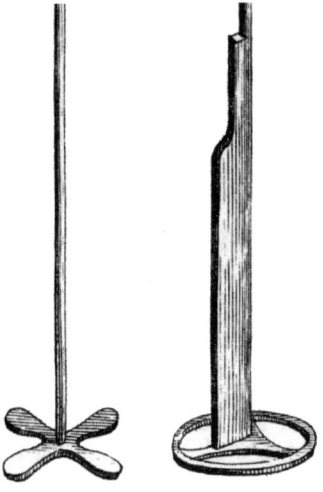

43 Welche Bedeutung hat Kasein für Käse?

Es ist der wichtigste Eiweißbestandteil der Milch. Kasein weist verschiedene Strukturvarianten auf, die unter dem Einfluss von Enzymen oder Säure gerinnen und den Käsebruch bilden.

44 Was ist die Aufrahmung?

Physiologischer Vorgang beim Stehenlassen der Milch, bei dem sich deren fettreicher Teil auf Grund des unterschiedlichen spezifischen Gewichts spontan an der Oberfläche absetzt. Diese bei der Herstellung von Magermilch angewandte Technik wird auch bei der Produktion der wichtigsten halbfetten Käsesorten wie Grana Padano und Parmigiano Reggiano eingesetzt.

45 Was versteht man unter Entrahmung?

Ein Verfahren, durch das ein Teil des Fettes von der Milch getrennt wird. Im Falle natürlicher Entrahmung spricht man von Aufrahmung.

46 Wozu dient die Beimpfung von Käse?

Roquefort-Laibe z.B. werden rund dreißig mal mit langen Nadeln angestochen („pikiert"). Dadurch beimpft man sie nicht nur mit Penicillium Roqueforti, sondern schafft auch die nötige Luftzufuhr, damit dieser Edelpilz gedeihen kann.

47 Wie entsteht der Geschmack im Käse?

Aromarelevante Komponenten der Milch geben ein Grundaroma. Die weitere Veränderung und Entwicklung des Aromas (Geruch und Geschmack) geschieht in jedem Fall durch Mikroorganismen (Bakterien, Schimmelpilze, Hefen). Werden der Fettgehalt und die Salzzugabe erhöht und wird die Reifungsdauer verlängert, erhält man ein intensiveres Aroma.

48 Was versteht man unter Reifung?

Der Gesamtverlauf verschiedener chemischer und physikalischer Prozesse, die auf den Käsebruch einwirken und nicht nur die Teigtextur und das Aussehen des Laibes, sondern vor allem das Aroma und den Geschmack eines Käses prägen. Temperatur und Luftfeuchtigkeit von Reiferäumen müssen mit äußerster Genauigkeit reguliert werden.

49 Was versteht man unter Ausreifung?

Die Endphase der Käseherstellung, die das Endprodukt entscheidend beeinflusst. Die Ausreifung findet in besonderen Gewölben (Kellern, Höhlen usw.) bzw, in speziellen Reiferäumen mit elektronischer Temperaturregelung statt. Bei Frischkäsesorten dauert die Ausreifung nur wenige Tage, während sie bei Hartkäse mehrere Jahre währen kann. In dieser Phase müssen die Käselaibe häufig gewendet werden und bedürfen spezieller Pflege.

50 Was ist bei der Lagerung und Reifung von Käse wichtig?

Ein grundlegender Bestandteil der Käseherstellung ist die Lagerung und eine entsprechende Reifezeit, denn es

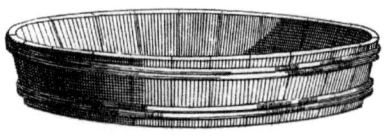

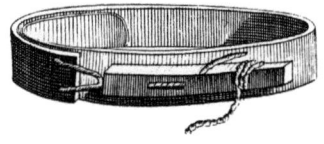

gibt viele Käsesorten, die nur durch die Reifezeit auch den entsprechenden Geschmack erhalten. Die Reifezeit ist von Käse zu Käse unterschiedlich. So beträgt die Reifezeit der Frischkäsesorten in der Regel nur wenige Tage, während ein guter Goudakäse einige Monate reifen muss, damit er seinen einzigartigen Geschmack erhält.

51 Wie wird Käse gelagert?

Der Käse sollte noch nicht angeschnitten sein, sondern im ganzen Laib gelagert werden. Man lagert Käse am besten auf Holzbrettern. Die Lagerung in Behältern aus Edelstahl, Glas oder Stein sollte man vermeiden. Ein guter Käse kann während der Reifung bei einer normalen Raumtemperatur von 20-23°C gelagert werden (Frischkäse ist natürlich ausgenommen). Die Luftfeuchtigkeit sollte dabei jedoch hoch sein, denn sonst besteht die Gefahr, dass er zu schnell austrocknet.

52 Warum wird mancher Käse in Höhlen gelagert?

Einige Käsesorten, vor allem Weich- und Edelpilzkäse, reifen in der natürlichen und geschützten Umgebung von Höhlen am besten. Sie zeichnen sich durch niedrige Temperaturen sowie hohe Luftfeuchtigkeit aus und werden über Felsspalten durch kalte und feuchte Luftströme belüftet.

53 Worauf beruht die Reifung von Käse?

Auf der Eiweißspaltung; dieser grundlegende Prozess bei der Reifung des Käses beruht auf der Spaltung der komplexen Kaseinmoleküle in einfachere Stickstoffverbindungen (Aminosäuren). Die Eiweißspaltung wird durch spezifische Enzyme begünstigt.

54 Wo schmeckt der Käse am besten?
Am besten in den Regionen, wo das Vieh auf den Almen oder Weiden steht und wo auch die Milch zu Käse weiterverarbeitet wurde und gereift ist.

55 Was muss man beim Schneiden von Käse beachten?
So zahlreich Käse in seinen Formen, Sorten und Größen ist, so unterschiedlich sind auch die Methoden, Käse zu schneiden. Beim Schneiden auf der Käseplatte kommt es besonders darauf an, dass bis zum Ende appetitliche Stücke erhalten bleiben. Zu einer Käseplatte reichen Sie nach Möglichkeit zu jeder Käsesorte das passende Werkzeug, um Käse zu schneiden. Zumindest sollten Sie darauf achten, dass zum Schneiden jeder Käsesorte ein eigenes Messer bereit liegt. Sonst kann es passieren, dass sich beim Käseschneiden Aromen oder (bei Edelpilzkäsen) Sporen übertragen und den typischen Geschmack des Käses verfälschen.

56 Wie schneidet man Käse richtig auf?
Hartkäse wie Parmigiano Reggiano in mundgerechte eckige Stücke schneiden. Schnittkäse als dicke Scheiben servieren, wovon man mundgerechte Riegel abschneidet. Von kleinen, runden und eckigen Käsetorten (meist Weichkäse) tortenförmige Stücke abschneiden. Jedes Stück behält gleich viel Rinde, die zum Geschmack des Käses beiträgt. Der Saint Albray gibt durch seine Blumenform die Größe des Stückes beim Käseschneiden vor. Käserollen wie z. B. Ziegenkäserollen werden in kleine runde Scheiben geschnitten. Frischkäse entweder in Schälchen zum Dippen oder auf einem Teller servieren.

57 Was sind die passenden Schneidegeräte für Käse?
Käsedraht oder Käsebogen haben ähnlich wie Mu-

sikinstrumente eine Saite. Sie zerteilen den Käse beim Schneiden sehr fein und präzise, weshalb sie besonders zum Schneiden von Weichkäse, gerolltem Frischkäse und Blauschimmelkäse geeignet sind.

Käsemesser und Käsebeil haben eine scharfe, kräftige Schneide und sind ideal zum Schneiden von Hart- und Schnittkäse.

Für Weichkäse gibt es spezielle Weichkäsemesser, durch deren Aussparungen in der Klinge der Käse beim Schneiden nicht haften bleibt.

Der Käsehobel eignet sich zum Schneiden von feinen Scheiben, besonders von Hartkäse, wie Parmesan. Ein Käsehobel besteht in der Regel aus einem Stahlstück mit einem stufenlos verstellbaren Messer in der Holzfläche.

58 Wie richtet man eine Käseplatte perfekt an?

Diese Grundlagen sollten Sie beim Anrichten Ihrer Käseplatte beachten: fünf bis neun Sorten Käse bzw. Geschmacksrichtungen. Ca. 90 g Käse pro Person, wenn die Käseplatte ein Menü abschließt und ca. 170 g Käse pro Person, wenn sie ein eigenständiges Gericht darstellt. Unbedingt Käse eine halbe Stunde vor dem Verzehr aus dem Kühlschrank holen, damit er sein volles Aroma entfalten kann – eine Ausnahme ist der Frischkäse, den Sie am besten frisch gekühlt servieren. Die Käse werden am besten im Kreis von mild nach würzig angeordnet. Dies ist auch die Reihenfolge, in der man Käse genießen sollte..

59 Was sind dekorative Beilagen für eine Käseplatte?
Zur Dekoration einer Käseplatte eignen sich Trauben, die Sie am Strunk belassen und in kleinen Grüppchen auf der Platte anrichten. Geschälte Walnüsse, getrocknete Feigen, Birnenschnitze oder Radieschen ergänzen als Beilagen die Käseplatte.

60 Welcher Wein zu welchem Käse?
Es gibt keine einfache Wahrheit. Sicher ist nur: Käse und Wein gehören zusammen. Nicht nur Rotweine sind optimale Käsebegleiter. Zu einem milden Käse passt auch ein milder Wein. Ein Käse aus einer bestimmten Region kann in der Regel mit einem Wein derselben Region kombiniert werden. Ein Käse mit ausgeprägt pikantem oder salzigem Geschmack harmoniert mit einem edelsüßen Wein.

61 Welche Weine zu welchen Käsesorten?
Hartkäse: Hartkäse mit würzigem Geschmack wie Emmentaler oder Cheddar harmonieren mit gehaltvollen Weißweinen und samtigen, nicht zu tanninreichen Rotweinen. Beispiele sind die weiße Rebsorte Kerner sowie die Rotweine Dornfelder und Lemberger. Zum Gruyère mundet auch ein fruchtiger französischer Rotwein oder Rosé; zum Manchego passt ein trockener Rotwein.
Schnittkäse und halbfeste Schnittkäse: Diese Käsegruppe ist geschmacklich

sehr breit gefächert. Allgemeine Empfehlungen lassen sich daher nur schwer aussprechen. Würzige, etwas kräftigere Sorten harmonieren z. B. mit Gewürztraminer (Weißwein) und leichtem Spätburgunder (Rotwein).

Käse mit blauem Edelpilz: Sie haben meist einen pikanten, oft fast scharfen Geschmack und benötigen einen Wein, der sich gegen sie behaupten kann. Zu Roquefort oder Gorgonzola harmonieren daher in erster Linie Weine mit entsprechender Süße wie Dessertweine, Beerenauslesen und Auslesen.

Rotschmierkäse: Würzige Rotschmierkäse wie Romadur, Munster oder Limburger harmonieren mit einem trockenen oder halbtrockenen Riesling, einem frischen Grauburgunder oder einem Elsässer Gewürztraminer.

Ziegenkäse: Servieren Sie Weißwein zu Ziegenkäse. Geeignet sind trocken-fruchtige Weißweine mit feiner Säure, wie trockene und fruchtige Silvaner, Weißburgunder oder Riesling Auslese.

Weichkäse mit weißem Edelpilz: z.B. Brie, Camembert oder Géramont brauchen Begleiter, die ihren mildwürzigen Geschmack unterstreichen: reife Rotweine aus dem Bordeaux, aber auch Champagner oder Prosecco.

Frischkäse: Bresso z. B. harmoniert am besten mit säurearmen, fruchtbetonten Weißweinen mit dezenter Restsüße: süßer bis lieblicher Müller-Thurgau.

62 Schließt Käse den Magen?
Natürlich schließt Käse den Magen nicht im wörtlichen Sinn. Allerdings wird Käse zu Recht gerne als Abschluss eines Essens serviert und genossen. Das hat seinen Grund: Der abschließende Käsegang besiegt auch den letzten Hunger.

63 Welches Brot zu welchem Käse?
Milder Schnittkäse mit nussigen Aroma ist ideal auf kräftigen Bauernbrot (Roggenmischbrot).

Vollwürziger Weichkäse mit Rotkultur, kann beim Brot ruhig ein kleines Gegengewicht vertragen: Die ideale Kombination ergibt sich mit frischem Stangenweißbrot.
Ein leicht herber Weichkäse mit weißem Edelpilz passt gut zu frischem Stangenweißbrot.
Vollmundiger Schnittkäse passt zu Mehrkornbrötchen, knusprigem Baguette und Vollkornknäckebrot.
Bergwürziger Hartkäse passt zu Weizenbrötchen oder Vollkornknäcke.
Edelpilzkäse, wie Roquefort schmeckt am besten mit Pumpernickel oder Roggenvollkornbrot.

64 Woran erkennt man die Qualität von Käse?

So sollte jeder Käse ein ansprechendes Aussehen haben und bestimmte sortentypische Merkmale besitzen. Bei Emmentaler sind dies beispielsweise die typische Lochung und die goldgelbe Farbe sein. Außerdem sollten die Käselöcher – wie bei vielen Schnitt- und Hartkäsen – nicht nur von der gleichen Größe und Form, sondern auch gleichmäßig über den Käse verteilt sein. Daran wird deutlich, ob der Reifungsprozess im Laib optimal verlaufen ist.

65 Sollte man Schnitt- oder Scheiben-Käse kaufen?
Grundsätzlich ist es ratsam, Käse am Stück zu kaufen, denn so bleibt der Geschmack intensiver und optimal erhalten.

66 Welchen Käse fürs Fondue?
Grundsätzlich sollten es nicht zu junge Käsesorten sein, denn die können Flocken bilden. Reife Sorten sind als Basis gut geeignet. Am besten mischt man zwei bis drei Sorten für ein Fondue. Gut passen: Greyerzer, Appen-

zeller, Vacherin und Schweizer Emmentaler. Wenn Emmentaler verwendet wird, soll der Anteil nicht größer als 50% sein, sonst wird das Fondue gummig! Wer's gerne würzig mag, nimmt nur rezente Sorten. Meist tragen diese Käse die Bezeichnung „Extra" im Namen.

67 Wie kann man Käse verwenden?
Durch die vielen Sorten und deren unterschiedlich Geschmacksrichtungen, ist jeder Käse in seiner ganz speziellen Art in der Küche einsetzbar. Sei es nun mit Tomaten und Mozzarella als leichte Mahlzeit, ein Stück Gouda, Emmentaler oder Tilsiter mit einem Gläschen Wein oder eben der Parmesan zu einem Pastagericht.

Die unterschiedlichen Frischkäsesorten, eignen sich hervorragend als Butterersatz und Brotaufstrich. Und geriebener Goudakäse macht einen Auflauf doch erst zu dem, was er eigentlich sein soll.

68 Welche Käserinde kann ich essen?

Bei manchen abgepackten Käsesorten findet sich inzwischen der Hinweis „Rinde zum Verzehr geeignet". Künstliche Käserinden aus Paraffin oder Wachs sind natürlich nicht für den Verzehr bestimmt und sollten immer abgeschnitten werden. Bei Hartkäse, Schnittkäse sollte die Rinde etwa fünf Millimeter dick abgeschnitten werden. Schwangere, ältere Menschen und immungeschwächte Personen sollten die Käserinde immer entfernen. Auch Kinder sollten Käse nur ohne Rinde essen.

Abgesehen von dieser Einschränkung sind alle natürlich gereiften, unbehandelten Käserinden im allgemeinen essbar. Bei Rotschmierkäse wird die orange-rötliche Rinde außer bei sehr jungen Sorten nicht verzehrt. Sie entwickelt ein zu scharfes, an Ammoniak erinnerndes Aroma. Die weiße Rinde von Edelschimmelkäse kann man mitessen.

69 Wie viel Käsesorten kennt man in Frankreich?

Unsere Nachbarn sind stolz auf ihren Käse – und das zu Recht. Die Vielfalt an Aromen, Texturen und Herstellungsweisen ist enorm und weltweit einzigartig. Über 1000 Käsesorten soll es in Frankreich geben, wobei fast jede Region für eine Käsespezialität bekannt ist.

70 Welche französische Käse sollte man probiert haben?

Der **Beaufort** stammt aus den Savoyer Alpen und ist einer der ältesten und meist geschätzten Bergkäse – er soll schon den Römern geschmeckt haben. Er wird ausschließlich aus der Milch von Tarines-Kühen hergestellt und schmeckt jung fruchtig, gereift eher nussig-würzig. Er eignet sich auch sehr gut für Fondue und wird am besten von einem fruchtig-frischen Chablis begleitet.

Der **Epoisses de Bourgogne** ist nach einem Örtchen im Burgund benannt und wird während der Reife mit Marc de Bourgogne abgewaschen. Der Kuhrohmilchkäse wird bereits seit dem 16. Jh. hergestellt und soll zu Napoleons Lieblingskäsen gezählt haben. Der sehr würzige und fließige Käse zählt heute zur Crème de la Crème der kräftigen Käse.

Der **Langres** ist mit dem Epoisses verwandt – allerdings etwas milder und in der Textur eher wie Käsekuchen. Er stammt aus der Champagne und fällt durch seine Form ins Auge. Er erinnert rein äußerlich an einen eingefallenen Zylinder. In die Mulde an der Oberseite wird traditionell Champagner oder Marc de Champagne gefüllt, der dann langsam in den Käseteig sickern kann und ihm geschmacklich das i-Tüpfelchen aufsetzt.

Der **Selles-sur-Cher** ist ein Ziegenrohmilchkäse von der Loire. Er reift traditionell in der Asche und zeichnet sich durch seine besondere Cremigkeit und den nussig-süßlichen Geschmack aus. Die Ascheschicht unterstützt die Reifung und schützt den Käseteig auf natürliche Weise vor dem Austrocknen. Sie schmeckt sehr intensiv, kann aber mitgegessen werden. Dazu trinkt man an der Loire den heimischen Pouilly Fumé.

Der **Tomme de Savoie** ist ein milder, halbfester Kuhmilchkäse aus den Savoyen, der wohl als bekanntester Vertreter der „Tomme"-Käse gehandelt werden kann. Der Name bezieht sich auf die Form, mit der in Frankreich kleine, runde Käse aller Art bezeichnet werden.

Der **Munster** – einer der würzigsten unter den französischen Rotschmierkäsen. Der aromatische Kuhmilchkäse stammt aus dem Elsass. Dort genießt man ihn übrigens traditionell mit Bratkartoffeln und Zwiebeln – dazu auch gerne ein Bier oder einen Gewürztraminer.

Der **Neufchâtel** stammt aus dem gleichnamigen Dorf in der Normandie. Im Aussehen ähnelt er dem Camembert, hat aber eine leicht pilzige Note und ist in der Textur einzigartig körnig.

Ossau-Iraty ist ein Schafskäse aus den Pyrenäen und zeichnet sich durch seinen kräutrig-nussigen Geschmack aus. Seinen Namen hat der Bergkäse von zwei unterschiedlichen Gegenden in den Pyrenäen – Ossau und Iraty (im Baskenland) – wo bereits seit Jahrtausenden aus Schafsmilch gekäst wird. Er schmeckt besonders lecker mit fruchtiger Kirschmarmelade.

Der **Mimolette** oder **Boule de Lille** erinnert optisch an einen kleinen Ball und verdankt seine Entstehung wahrscheinlich dem französischen Importverbot von ausländischen Käsen im 17. Jahrhundert. Die Bewohner von Lille vermissten den holländischen Edamer und begannen daraufhin, ihn zu kopieren. Der knallig orangefarbene Teig des Mimolettes schmeckt nussig-würzig bis salzig und lässt sich gut reiben.

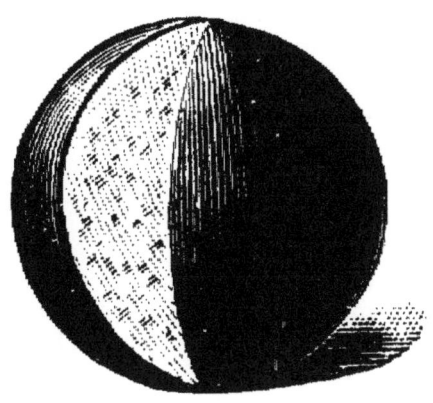

71 Wie unterscheidet man Käse?
Laut deutscher Käseverordnung geschieht dies anhand des Fettgehaltes in der Trockenmasse. So kommt man in Deutschland auf sieben Kategorien vom Doppelrahmkäse (60 bis 85 Prozent) bis zum Magerquark (unter 15 Prozent). Diese Einteilung sagt vor allem im Mittelfeld nichts über Charakter und Geschmack des Käse aus.
Besser hingegen die Franzosen, sie unterscheiden zwischen: Frischkäse, Schmelzkäse, Hart- und Schnittkäse, Weichkäse und Blauschimmelkäse. Außerdem wird die Herkunft: von Ziegen, Schafen oder Büffeln eigens ausgewiesen. Diese Einteilung wird auch von Kennern bevorzugt.

72 Welche Fettgehaltstufen gibt es?
Doppelrahmkäse: mind. 65% F.i.Tr., Rahmkäse: mind. 55% F.i.Tr., Vollfettkäse: mind. 45% F.i.Tr., Dreiviertelfettkäse: mind. 35% F.i.Tr., Halbfettkäse: mind. 25% F.i.Tr., Viertelfettkäse mind. 15% F.i.Tr. und Magerkäse: weniger als 15% F.i.Tr.

73 Was bedeutet Fett in der Trockenmasse (F.i.Tr.)?
Entzieht man dem Käse seinen Wasseranteil, bleiben
Fett, Eiweiß, Milchzucker, Milchsäure, Vitamine und
Mineralstoffe übrig – die Trockenmasse. Anhand dieser
Trockenmasse kann man nun den prozentualen Fettanteil ermitteln.
Anhand des Fettanteils in der Trockenmasse können Sie
sich beim Einkaufen über die Fettstufe des Käses orien-
tieren, gleichzeitig können Sie auch Rückschlüsse auf seinen Geschmack ziehen: je höher der Fettanteil ist, desto
geschmeidiger, feiner und cremiger ist der Käse.

74 Welche Gruppen gibt es nach der Herkunft der
Milch?
Generell ist der Käse vor allem im westlichen Kulturkreis
verbreitet. So wird beispielsweise der in Italien hergestell-
te Mozzarella aus Büffelmilch gewonnen. In Griechen-
land wird der Fetakäse hauptsächlich aus Ziegen- oder
Schafsmilch hergestellt. In Asien, speziell Nepal, wird
Käse aus der Milch von Yaks, in Skandinavien, speziell
der Juustoleipa in Finnland, der aus Milch von Rentie-
ren hergestellt. In Serbien wird Pule aus Eselsmilch und
in Afghanistan Kadchgall aus Schaf- oder Kamelmilch
zubereitet.

75 Welche Gruppen gibt es nach dem Herstellungsverfahren?

Sauermilchkäse: Er entsteht, wenn Milch durch Milchsäurebakterien gesäuert und dadurch das Milcheiweiß
(Kasein) ausgefällt wird. Dieser Vorgang wird als Dicklegen bezeichnet. Das ausgefällte Kasein wird von der
Flüssigkeit, der Molke, getrennt und ist der so genannte
Frischkäse. Daraus kann gereifter Sauermilchkäse erzeugt werden, der durch Bakterienkulturen (Rotschmiere) oder Edelschimmel verfeinert werden kann.

Labkäse: Die meisten Käsesorten, die wir kennen, gehören zur Gruppe der Labkäse (auch Süßmilchkäse ge-
nannt). Für diese Käse wird die Milch mit Hilfe von Lab
dickgelegt. Die Gerinnung erfolgt ohne Ansäuerung der
Milch. Bezeichnenderweise spricht man hier von Süßge-
rinnung. Auch Frischkäse, der zwar typischerweise durch
Sauermilchgerinnung unter Zuhilfenahme von Milchsäurebakterien hergestellt wird, kann unter Verwendung
von Lab hergestellt werden.

Molkeneiweißkäse: Dieser Käse wird nicht aus Milch,
sondern aus Süßmolke, Sauermolke und Molkensahne
hergestellt – zu den bekanntesten Molkeneiweißkäsen
gehören der italienische Ricotta.

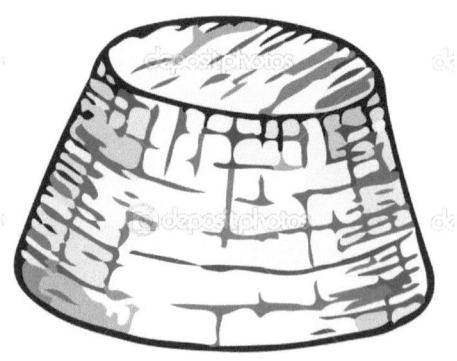

76 Welche Käsegruppen gibt es nach Kulturen?

Die Kulturen kann man in Schimmelpilze und Bakterien unterteilen. Eine Sonderstellung nimmt der durch tierische Käsemilben (Tyroglyphus casei) erzeugte Käse ein.

Zu Schimmelkäse gehören: Weißschimmelkäse wie Camembert und Brie, sie werden mit dem Pilz Penicillium camemberti hergestellt. Blauschimmelkäse (Roquefort, Gorgonzola, Blue Stilton) werden mit dem Pilz Penicillium roqueforti hergestellt.

Zu mit Bakterien erzeugter oder behandelter Käse zählen: Sauermilchkäse wie Handkäse, Tiroler Graukäse, Harzer Roller, Romadur werden ohne Lab mittels Milchsäurebakterien und meistens mit Schmierbakterien gekäst.

Zu Milbenkäse, der unter Zuhilfenahme von tierischen Organismen hergestellt wird gehören der Würchwitzer und der französische Mimolette.

77 Gibt es eine allgemeine Einteilung?

Aus dem Blickwinkel des Endverbrauchers unterscheidet man zwischen dem Streichkäse, der auf das Brot gestrichen wird, und dem Schnitt- oder Scheibenkäse, der auf das Brot gelegt wird.

78 Wie viel Käsesorten gibt es?
Schätzungen haben ergeben, dass man heutzutage um die 5000 Käsesorten herstellt.

79 Wie werden die einzelnen Sorten erzeugt?
Frischkäse: ohne Reifezeit gewöhnlich aus pasteurisierter Milch wie Quark, Mozzarella, Hüttenkäse. Frischkäse ist Sauermilchkäse. Es wird kein oder nur wenig Lab zur Dicklegung der Milch hinzugefügt. Für die Erzeugung von Frischkäse wird pasteurisierte Milch verwendet. Frischkäse haben keine Rinde.

Weichkäse: Reifezeit einige Wochen – gewöhnlich aus pasteurisierter Milch wie Brie, Tomme. Es gibt aber auch Ausnahmen wie den Rohmilchkäse Camembert de Normandie. Auch beim Weichkäse erfolgt die Dicklegung der Milch mittels Beigabe von Lab. Die Oberfläche von Weichkäsesorten wird oft mit Rotschmierebakterien behandelt und der Bruch oder der Laib mit Edelschimmelpilzen geimpft.

Halbhartkäse: Reifezeit einige Monate- aus Rohmilch oder aus pasteurisierter Milch, wie Appenzeller Käse, Vacherin Fribourgeois, Tête de Moine, Raclette. Schnittkäse oder Halbhartkäse werden entweder aus Rohmilch oder pasteurisierter Milch hergestellt. Auch sie sind Süßmilchkäse. Schnittkäse und halbfesten Schnittkäse gibt es verschiedenen Fettstufen, vom Magerkäse bis zum Rahmkäse.

Hartkäse: Reifezeit einige Monate bis mehrere Jahre, hergestellt aus Rohmilch, wie Gruyère. Hartkäse ist ein Rohmilchkäse. Die Rohmilch wird zur Erzeugung von Hartkäse durch Lab dickgelegt. Hartkäse ist ausschließlich Vollfettkäse mit mindestens 45 % Fettanteil.

Schmelzkäse: Ein aus verschiedenen Käsesorten durch Schmelzen mit Wärmeeinwirkung gewonnenes Produkt, das sich für Brotaufstriche eignet.

Salzlakenkäse reift in einer Salzlake; der bekannteste Salzlakenkäse ist der griechische Feta.

Brühkäse - die bekanntesten Brühkäse sind Mozzarella und Provolone, Brühkäse werden durch die Behandlung der Bruchmasse mit heißem Wasser, heißem Salzwasser oder heißer Molke und durch Kneten, Ziehen der plastischen Masse zu Bändern oder Strängen und Formen hergestellt.

80 Was bezeichnet man als „Bleu"?

Die Bezeichnung für Käsesorten, deren Teig durch den Zusatz von Schimmelpilzen grün oder blau marmoriert ist. Dazu gehören einige der bekanntesten europäischen Käse: Gorgonzola, Roquefort, Stilton und andere französische Blauschimmelkäse.

81 Was ist Ricotta?

Da der Ricotta nicht durch die Gerinnung des Milchkaseins gewonnen wird, ist er laut italienischer Gesetzgebung kein Käse, sondern das Ergebnis der bei hohen Temperaturen (80 bis 90° C) erfolgten Molkeeiweißgerinnung, also ein Nebenprodukt bei der Verarbeitung von Kuh-, Schafs- oder Ziegenmilch. Vom ernährungswissenschaftlichen Standpunkt aus gesehen ist Ricotta ein Magerprodukt, das aber reich an hochwertigen Proteinen ist.

82 Was ist Rohmilchkäse?

Rohmilchkäse ist Käse aus Milch, die zu Beginn des Käsereiprozesses nicht behandelt wurde. Die meisten Almkäse werden aus Rohmilch hergestellt. Die Milch kann von verschiedenen Tierarten stammen: Rinder, Ziegen, Schafe, Büffel.

83 Welche Käsesorten bestehen aus „rohem Teig"?

Bei diesem Herstellungsverfahren ist kein Kochen des Käsebruchs vorgesehen. Roher Teig bildet die Grundlage für alle Frisch- und Weichkäsesorten. Hartkäse und halbfeste Sorten wie Castelmagno aus Italien, der englische Cheddar und der Edamer aus Holland bestehen aus gepresstem rohem Teig.

84 Wie entsteht Schmelzkäse?

Entsteht durch Einschmelzen von Käse, eventuell unter Zusatz von Milch, Rahm, Wasser und speziellen Salzen. Dieser Käse ist pasteurisiert und zeichnet sich durch einen kompakten, homogenen und sehr streichfähigen Teig aus. Kenner ignorieren den Industrieartikel Schmelzkäse.

85 Was versteht man unter Weichkäse?

Käsesorten, deren Wassergehalt mehr als 40 Prozent beträgt. Dazu gehören Frischkäsesorten, die zum sofortigen Verzehr bestimmt sind (Mozzarella, Robiola, Quartirolo usw.) sowie Käse mit mittlerer Reifedauer (Gorgonzola, Taleggio usw.).

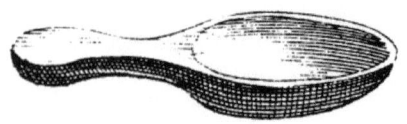

86 Wie soll man Käse generell aufbewahren?
Nur bei optimaler Aufbewahrung kann Käse seinen
vollen Geschmack entfalten. Bestens geeignet, um Käse
aufzubewahren ist ein kühler, dunkler Ort mit geringer
Luftfeuchtigkeit. Lagert Käse zu warm, reift er nämlich
zu schnell. In der Wohnung empfiehlt es sich Käse im
Kühlschrank aufzubewahren und zwar am besten im
Käse- oder Gemüsefach. Hier herrscht meistens eine
Temperatur von 7 bis 9 °C - das ist fast für alle Käse gut.
Generell sollte die Temperatur bei Frischkäse niedriger
sein als bei Schnittkäse. Am wärmsten kann man Hartkäse aufbewahren, nicht jedoch über 15° C.

87 Was sollte man bei der Aufbewahrung von
Frischkäse beachten?
Frischkäse muss beim Aufbewahren atmen können, d.h.
er darf nicht luftdicht verpackt werden.

88 Warum sollte man kein Brot in der Nähe
von Käse lagern?
Lagert man einen Käse über eine längere Zeit, so sollte man auch darauf achten, dass kein Brot in der un-
mittelbaren Nähe des Käses gelagert wird. Die im Brot
befindlichen Hefepilze machen ansonsten den Käse un-
genießbar.

89 Wie sollte man bereits verpackten Käse aus
dem Kühlregal aufbewahren?
Bewahren Sie den Käse in seiner Originalverpackung auf
und verschließen Sie diesen nach Anbruch wieder sorg-
fältig. So bleibt der Käse am besten haltbar. Man sollte
beachten, dass sich das Mindesthaltbarkeitsdatum auf
noch nicht geöffnete Packungen bezieht. Auf keinen Fall
muss Käse nach Ablauf dieser Frist automatisch wegge-
worfen werden. Mit ein wenig Erfahrung merken Sie

selbst schnell, wie lange ein Käse über das Mindesthaltbarkeitsdatum hinaus noch zu genießen ist.

90 Wie bewahrt man Käseaufschnitt auf?
Angeschnittenen Käse von der Käsetheke sollten Sie immer einzeln je nach Käsesorte aufbewahren, damit sich Geschmack oder eventuell Reifekulturen nicht übertragen. Decken Sie die Schnittstelle mit Klarsichtfolie ab. So trocknet der Anschnitt nicht ein und der Käse kann über die Rinde weiteratmen. Für geruchsintensive Sorten eignen sich Alufolie oder Kunststoffdosen.

91 Kann man Käse im Tiefkühlfach aufbewahren?
In der Regel ist davon abzuraten Käse einzufrieren: Der Käse bekommt durch die sehr niedrigen Temperaturen einen Schock - der Reifeprozess wird unterbrochen und der Käse verliert deutlich an Geschmack.

92 Ist Rohmilchkäse für den Konsumenten sicher?

Ja. Die hygienische Sicherheit der klassischen Schweizer Hartkäsesorten wird zwar in bestimmten Exportländern wegen der Verwendung von Rohmilch immer wieder in Frage gestellt, doch die wissenschaftlichen Fakten stützen diese Beurteilung aber in keiner Weise. Die hervorragende Milchqualität, die rasche Verarbeitung der Milch innerhalb 18 Stunden nach dem Melken verhindern dass sich Krankheitserreger in gefährlicher Weise vermehren können. Weichkäse aus Rohmilch sind hygienisch wesentlich anspruchsvoller. Da die Käsemasse hier kaum erhitzt wird, der Wassergehalt hoch und die Reifungszeit nur wenige Wochen beträgt, ist eine Inaktivierung von Krankheitserregern aus der Milch nicht garantiert. Die hygienische Sicherheit muss darum durch eine strenge Überwachung der Milchqualität schon bei der Milchgewinnung und die lückenlose mikrobiologische Prüfung der Produktionschargen sichergestellt werden.

93 Wer sollte keinen Rohmilchkäse essen?

Wegen gefährlichen Infektionen nach dem Genuss wird davon abgeraten, Kleinkindern Rohmilch zu geben. Auch Schwangere sollten sich zurückhalten.

94 Ist Käse gesund?

Es gibt wenige Nahrungsmittel die bekömmlicher und gesünder sind. Die Kohlehydrate in gereiftem Käse sind gering, da der Milchzucker fast abgebaut oder zu Milchsäure umgewandelt wurde. Als Proteinlieferant ist Käse unschlagbar. Man müsste mehr als das doppelte Gewicht an Eiern essen, um dem Körper soviel Eiweißstoffe zuzuführen wie in einem Stück Hartkäse enthalten ist. Besonders hoch ist auch der Anteil von lebenswichtigen Aminosäuren. Kalzium und Phosphor sind im Käse so-

viel wie in keinem anderen Nahrungsmittel. Lediglich Vitamine sind nicht so stark vertreten.

95 Was ist Laktoseintoleranz?

Bei Laktoseintoleranz oder Milchzuckerunverträglichkeit wird der mit der Nahrung aufgenommene Milchzucker als Folge fehlender oder verminderter Produktion des Verdauungsenzyms Laktase nicht verdaut. Etwa 75 % der erwachsenen Weltbevölkerung hat eine Laktoseintoleranz, in Deutschland sind ca. 15 % der Erwachsenen laktoseintolerant.

96 Ist Käse schädlich für Katzen?

Wenn Sie Ihrer Katze unbedingt Käse reichen möchten, sollten Sie dies selten tun und die Mengen sehr klein halten. Idealerweise nehmen Sie lange gereiften, härteren Käse wie etwa Parmesan, da dieser weniger Laktose als junger, weicher Käse wie Butter- oder Frischkäse enthält.

98 Macht Käse eigentlich dick?

Zuerst die schlechte Nachricht: Ja, ein Käse hat natürlich einen anderen Nährwert als eine Salatgurke oder Karotte. Als Hauptbestandteil einer Diät ist Käse daher nur bedingt geeignet (schade, eigentlich). Nun aber die gute Nachricht: Käse gibt es in sehr unterschiedlichen Fettgehalten und so kann jeder Käseliebhaber selbst entscheiden wie sehr er ins Fettnäpfchen treten möchte.

99 Was bedeutet Fleckigkeit beim Käse?
Schwarze Verfärbung des Teigrandes unterhalb der Rinde. Dieser Fehler ist durch einen zu hohen Fettanteil oder durch die Aufbewahrung der Käselaibe in schlecht belüfteten Räumen bedingt.

100 Woran kann man erkennen, dass der Käse verdorben ist?
Warnhinweise sind für die Sorte untypische Schimmelbildung am Käse. Schimmeliger Käse riecht im Allgemeinen wesentlich beißender und stärker als die gleiche Käsesorte im nicht gammeligen Zustand. Wenn sich eine weiße oder grünliche Schmierschicht bildet, sollte man den Käse spätestens wegwerfen und keinesfalls mehr essen.

Rainer Wörtmann
war u. a. Chefredakteur der
Zeitschrift „PLAYBOY",
Art Director der Zeitschrift
„TransAtlantik",
verantwortlicher Redakteur
des Titelbildes
„DER SPIEGEL", sowie
Mitglied der Chefredaktion
„SPIEGEL special".

Bereits erschienene Bücher:

„Leicht lernen mit Eselsbrücken",
ISBN 3-8334-0035-8;

„Tipps rund ums Kochen",
ISBN 978-37322-9878-5.

„WEIN -
100 Fragen & 100 Antworten"
ISBN 978-3- 7347-6480-6

„WETTERREGELN"
gesammelte Bauernweisheiten
ISBN 978-37448-7101-3

Rainer Wörtmann
lebt als freier Medienberater
in Hamburg und Italien.